NATIONAL GEOGRAPHIC

D0503597

Relámpagos en acción

EDICIÓN PATHFINDER

Por Lesley J. MacDonald

CONTENIDO

Relámpagos en acción

Por Lesley J. MacDonald

El rayo pega duro. ¡Un simple relámpago puede producir más energía que todas las plantas eléctricas de los Estados Unidos juntas!

En nuestro planeta caen rayos constantemente. Cada minuto se forman alrededor de 1800 tormentas eléctricas en alguna parte del cielo de la Tierra.

Esas tormentas generan alrededor de cien relámpagos por segundo. Muchas tormentas incluso pueden generar más. Algunas tormentas fuertes generan 425 destellos de rayo por minuto. Durante una tormenta en 1953, iluminaron el cielo más de 600 destellos por minuto.

Con el pasar los años, los rayos han hecho cosas sorprendentes. Según cuenta una historia, en 1891 cayó un rayo en una casa de un coleccionista de espadas. El relámpago fulminante fundió la plata de las espadas. El metal fundido luego cubrió al gato. Cubrió cada uno de los pelos del gato.

Los rayos también ocasionan muchos problemas. Originan incendios forestales y ocasionan daños a edificios. Toda esa destrucción se va sumando. Los rayos ocasionan daños valorados en aproximadamente 139 millones de dólares al año. En el transcurso de un año, también mueren 70 personas y otras 300 resultan heridas.

Seguridad brillante

Durante años los científicos han intentado proteger a las personas de los rayos. El rayo es en realidad un relámpago sobrealimentado de electricidad. Un dispositivo de protección debe guiar la electricidad lejos de las personas y los edificios.

En la década de 1750, a Benjamin Franklin se le ocurrió una manera de proteger los edificios de los rayos. Ahí fue cuando inventó el pararrayos. Es una varilla metálica ubicada en la parte superior de un edificio. Un cable largo conecta la varilla con el suelo. Cuando cae un relámpago en la varilla, el cable conduce la electricidad al suelo de forma segura.

No todos los edificios tienen pararrayos. Algunos **meteorólogos** quieren utilizar cohetes para proteger a las personas de los rayos. Un meteorólogo es un científico que estudia el clima.

Chispa de inspiración. *DERECHA: Benjamin Franklin remontó una cometa durante una tormenta eléctrica en 1752. Eso le ayudó a probar que el rayo está hecho de electricidad. Continuó trabajando hasta que inventó el pararrayos. ABAJO: Estos modelos ayudaron a Franklin a desarrollar y probar su invento.*

Lanzamiento al rayo

Aunque no lo creas, un cohete puede usarse como pararrayos. Los científicos lanzan pequeños cohetes a las nubes de tormenta. Los cohetes están conectados al suelo por un cable. Los rayos caen en los cohetes y el cable conduce la electricidad al suelo.

Sin embargo, los cohetes plantean ciertos problemas. Por ejemplo, son costosos. Cada uno se puede usar una sola vez. Y es difícil prever dónde va a caer el cohete.

Luces de la ciudad. Cae un rayo sobre el edificio Empire State en la ciudad de Nueva York. Un pararrayos en lo alto mantiene seguro el edificio contra cualquier daño.

Idea electrizante

Jean-Claude Diels piensa que tiene una mejor manera de luchar contra los rayos. Trabaja en un laboratorio en la Universidad de Nuevo México. Allí produce minidescargas eléctricas. Cada relámpago tiene 200.000 voltios de electricidad.

Luego de crear una descarga eléctrica, Diels le dispara con un **láser**. Un láser produce un rayo de luz concentrada. En un abrir y cerrar de ojos, el láser ilumina un camino que el rayo puede seguir. El rayo sigue el camino hacia un lugar seguro.

Diels no utiliza un láser común para luchar contra el rayo. Después de todo, el rayo es rápido. Tiene una velocidad de 186.000 millas por segundo. Esa es la velocidad de la luz. No hay nada que se mueva más rápido que la luz.

Entonces Diels utiliza un láser súper rápido. Se llama femtoláser. Dispara en un **femtosegundo**. Eso es una milbillonésima parte de un segundo. ¿Cómo hace este láser súper rápido para guiar al rayo en el aire?

Pensamiento positivo

Para responder esa pregunta, debemos averiguar cómo está compuesto el aire. El aire está compuesto de **moléculas** de distintos gases. Una molécula es un pedacito diminuto de una sustancia. Todo está compuesto de moléculas.

La luz del láser le da a cada molécula de aire una pequeña **carga eléctrica**. Existen dos clases de cargas eléctricas: positiva y negativa. El láser le da a las moléculas de aire una carga positiva. El rayo, al contrario, tiene carga negativa.

Las moléculas de aire cargadas positivamente atraen los rayos. La descarga eléctrica sigue la trayectoria de moléculas de aire cargadas creada por el láser. La electricidad fluye hasta un lugar seguro en el suelo.

Hasta ahora, el láser parece funcionar en el laboratorio. Pero, ¿funcionará en el mundo real? Diels quiere averiguarlo. Planea colocar un láser en una camioneta y luego conducir hacia una tormenta. Diels disparará rayos láser a las nubes de tormenta. Si todo sale bien, los láseres guiarían las descargas eléctricas de manera segura hacia el suelo.

El poder del láser

Al fin y al cabo, los láseres podrían colocarse en la parte superior de torres y edificios altos. Los rayos láser disparados a las nubes podrían atraer rayos. Esto podría proteger a los pueblos y ciudades de los peligrosos relámpagos.

Diels cree que un láser puede ser capaz de atraer un rayo que se encuentre a dos millas de distancia. Eso significa que se necesitarían uno o dos láseres para proteger la mayoría de las comunidades. Eso es más fácil que colocar pararrayos en todos los edificios. También es más económico que lanzar tantos cohetes hacia las nubes de tormenta.

Por supuesto, Diels continúa trabajando en su proyecto láser. Desea tener un sistema funcional en un futuro cercano. "La idea es protegernos de los peligros de los rayos", explicó. "Nuestra intención es crear un dispositivo que ayude a proteger a las personas de los rayos".

Vocabulario

carga eléctrica: acumulación de electricidad

femtosegundo: milbillonésima parte de un segundo

láser: dispositivo que produce un rayo concentrado de luz

meteorólogo: científico que estudia el clima

molécula: partecita diminuta de una substancia

¿Cómo se produce el sonido del trueno?

Cuando ves el rayo, a menudo oyes el trueno. Pero, ¿cómo es que el rayo hace estallar el trueno?

El rayo es súper caliente. Un relámpago calienta el aire que lo rodea a más de 43.000° Fahrenheit. El calor sofocante produce la expansión del aire. Después de que se produce el destello del rayo, el aire se enfría y se contrae. El aire se mueve tan rápidamente que produce un sonido. Lo llamamos trueno.

Algunas veces puedes ver el rayo, pero no oyes el trueno. Eso sucede porque el relámpago está a una distancia muy lejana. Generalmente no puedes oír el trueno producido por un rayo que está a más de diez millas de distancia.

¿Cómo se producen los rayos?

El rayo destella cuando se acumula electricidad dentro de una nube. Esto ocurre cuando el viento sopla partículas de polvo y gotitas de agua a su alrededor. El movimiento crea una carga positiva en la parte superior de la nube. También forma una carga negativa en la parte inferior.

El suelo que está bajo una nube de tormenta tiene una carga positiva. El rayo se desplaza entre zonas con cargas opuestas.

1 La parte superior de la nube tiene una carga eléctrica positiva.

2 La parte inferior de la nube tiene una carga eléctrica negativa.

3 El suelo tiene una carga eléctrica positiva.

4 Cuando las cargas eléctricas positivas y negativas son lo suficientemente fuertes, cae un rayo desde la nube al suelo.

5 Los rayos también se desplazan entre la parte superior e inferior de la nube.

Clases de rayos

Existen distintas clases de rayos. Aquí se muestran algunas clases que puedes ver iluminando tu barrio.

El rayo bifurcado se parece a las ramas de un árbol.

El rayo laminar es un destello de rayo dentro de una nube.

El rayo de calor está tan lejos que no puedes oír el trueno que produce.

Protección contra

Los científicos están buscando nuevas formas de mantener a la gente protegida de los rayos. También puedes tomar recaudos para protegerte. Ya sea que te encuentres adentro o afuera, te presentamos algunas maneras de permanecer alejado de la trayectoria de los rayos.

Cómo permanecer seguro afuera

- **Consulta el clima.** Antes de salir a hacer ejercicio o jugar, averigua cómo va a estar el tiempo. Quédate en casa si se avecina una fuerte tormenta.

- **No hagas tonterías.** Los rayos son poderosos. No esperes hasta que la tormenta esté encima de ti. Métete adentro a la primera señal de truenos o rayos.

- **Busca un refugio.** Los porches o refugios abiertos no son seguros durante una tormenta. Ingresa al interior de un edificio. En un caso de apuro, el automóvil también puede servir.

- **Agáchate.** Si no puedes encontrar un refugio, agáchate lo máximo que puedas. Mantén tus pies juntos, dobla tus rodillas y llévalas hacia el pecho.

- **Permanece alejado de los árboles.** Pararte bajo un árbol puede mantenerte seco, pero es el peor lugar para refugiarse durante una tormenta eléctrica.

- **Evita el metal.** La electricidad de los rayos puede viajar por cercas y estacas de metal. Durante una tormenta, permanece alejado de cualquier objeto metálico que veas.

los rayos

Proetegiéndose en el interior

- **Aléjate del porche.** No te quedes parado en un porche durante una tormenta. El techo te protege de la lluvia, pero no te protege de los rayos.

- **Aléjate de las ventanas.** Las ventanas de vidrio no te ofrecen ninguna protección contra los rayos. Permanece bien adentro de una habitación y lejos de las ventanas.

- **No hables por teléfono.** Los rayos pueden viajar por las líneas de teléfono. Espera a que termine la tormenta para hacer una llamada; o al menos utiliza un teléfono inalámbrico.

- **No toques los cables.** Los rayos pueden viajar por los cables de electricidad e ingresar a tu casa. No toques enchufes o cables durante una tormenta.

- **Espera para lavar.** Los rayos pueden viajar por la tubería de agua. No te laves las manos ni tomes una ducha durante una tormenta.

- **Espera a que la tormenta termine.** Los rayos pueden entrar en acción cuando menos lo esperas. Permanece adentro durante 30 minutos después del último rayo.

Rayos

Responde las siguientes preguntas electrizantes para evaluar lo que has aprendido.

1 ¿Cómo se produce un rayo?

2 ¿Cada cuánto tiempo cae un rayo en la Tierra?

3 Explica cómo funciona un pararrayos.

4 ¿Cómo nos protegería un láser de los rayos?

5 ¿Por qué no debes pararte debajo de un árbol durante una tormenta eléctrica?